IMAGINA QUE ES NOVIEMBRE

Cantos a la Nueva Vida
y la Vieja Muerte

ExLibric

JORGE CARRIÓN MOLPECERES

IMAGINA QUE ES NOVIEMBRE

Cantos a la Nueva Vida
y la Vieja Muerte

EXLIBRIC

ANTEQUERA 2021

JORGE CARRIÓN MOLPECERES

IMAGINA QUE ES NOVIEMBRE

Cantos a la Nueva Vida
y la Vieja Muerte

Para Miguel y Lola,
que han traído a mi vida
los motivos para escribirlo.

Y para Julia,
compañera de descubrimientos,
de juegos y de crecimiento.
Esto es todo tuyo.

Índice

CANTOS DE NOVIEMBRE

PARADO

Sin hambre ya,
seco el mordisco de adentro,
harto, yo también,
de tanto mirar pasar
a tantos reyes desnudos,
aquí decido hoy, ahora, ya
que ya no quiero ser nada,
que al cabo yo tampoco nada os debo,
y que aquí me quedo,
que apartado a un lado,
tan ignorante y tan sabio,
tan grande y tan pequeño,
soy ya, por fin, puro hecho.

Nada os dejo para recordar,
que nada hay más falso que el recuerdo.
Nada tan malo ni bueno hice
como para que la hierba no se alce limpia,
sin ruido ni marca, tras mi paso
por esta recta, retorcida, vulgar y única trocha,
por esa agotadora ristra
de momentos, de dudas, de logros y de miedos.

CITADO

Me citaste y te esperé
varias veces en mi vida.
No acudiste
y yo seguí portando mi bandera
con la sonrisa erguida.

Pasaron años,
burlaste todas las citas
y ahora,
después de tantas ocasiones perdidas,
me queda un lento bajar laderas,
resignación y tristeza,
equipaje de guerrero cansado,
amante paciente
que nunca vio culminar su cita.

Pero sabe una cosa:

No salté sobre mi espada
cuando estuve rodeado.
Soporté las derrotas
sin hoguera ni manta,
alta la cara, lágrimas al viento
y una orgullosa humillación
porté como bandera.

Ahora, en el fondo del valle
ya no hay batallas ni prisas.
No patalearé, no me resistiré
cuando por fin acudas
a esta dilatada cita.

EL MAR

No seré yo quien alimente tus criaturas
ni abone tus profundidades, madre.
No serás tu quien me acoja en su seno
ni será tu regazo adonde yo vuelva.

Enajenado de ti y ciego por dentro
cuando el momento de ser ya no sea,
será el reseco fuego brutal
quien hará de mi resto ceniza seca.

Inútil en la muerte como en vida,
no seré alimento para nadie
y nada medrará con mi salida.

Faro de Punta Nariga
Foto cortesía de Carlos Briones

CENIZAS

Mezclad un mechón de vuestros cabellos
con la suavidad de los secos restos de mi cuerpo
que una parte de vosotros en mí
es lo único que conmigo quiero
y llevadme a Punta Nariga.

Llevadme a Punta Nariga
y dejad mi ceniza liviana
abrazada a vuestros cabellos
junto a ese ángel caído y redimido
que está a punto volver al cielo.

Llevadme a Punta Nariga.
Dejad que vuele cabalgando el aire,
dejad que ahora vuele
como vivo nunca volé antes.

Y pues fui como esa luz
que en la oscuridad
intenta dar sentido al horizonte

y pues fui como esa torre
que frente a los vientos
yergue su pobre firmeza

y pues fui como ese medio ángel
siempre a punto de volar
y siempre anclado al suelo,

llevadme a Punta Nariga
y que el viento del este me lleve
a mí, hombre de tierra adentro,
al mar, a mezclarme con la sal
que, ahora sí, abrazado a vosotros
por fin remontaré el vuelo.

FIRMEZA

Y cuando cada día
amanece un nuevo crepúsculo,
cuando los viejos amigos
son devorados por el tiempo,
cuando los hijos se alejan
y se pierden, celosos, en sus caminos,
cuando el jardín se agosta
y el agua estancada huele,
tú ahí estás.

O cuando nuevas vidas
se suman a las nuestras, tan gastadas,
y la alegría espumea de risa,
cuando piececitos descalzos
golpean las viejas tablas
atronando por encima
de los silencios continuados,
del crujir de muebles viejos,
de promesas incumplidas
y muertes anunciadas,
tú ahí estás.

Firme, como siempre,
permaneces.

Esos días

Esos días donde todo es feo,
donde el único recuerdo vivo
es el amargo.

Esos días donde no hay deseo,
donde la Luna solo es una luz blanca,
donde las cosas son como son,
peor aún: son como no fueron.

Donde lo único que veo
son tus pasos en el polvo,
ese polvo que afea
donde tus pasos fueron.

EL PUENTE

Y de tanto confiar en la fortaleza
de los tirantes del puente que nos une
llegamos a descuidarlo
abandonados a su inercia.

A fuerza de fortaleza llegamos a olvidar
el peligro de las rupturas,
el empuje de las tormentas
y la fuerza de las mareas.

A fuerza de fortaleza
olvidamos los adornos
y dejamos pudrir las banderas
y ninguna guirnalda de luces
colgamos en ninguna fiesta

y ahora pretendemos ignorar,
a fuerza de fortaleza,
la fealdad de los remaches,
las escamas de óxido,
la aspereza del hierro,
lo fea que puede ser
la cruda y simple fortaleza
y lo inútil que puede ser un puente
cuando ya ni los amantes
ni sus besos lo atraviesan.

FOTOS

Y, hacia el final, te encerrabas en tu habitación
a ajustar cuentas con tu pasado
y a pasar factura a la memoria.

Aún puedo ver tu pelo blanco
sobre esa espalda encorvada,
entrando en la oscuridad de ese cuarto
seguida siempre por tu perra blanca.

Allí te rodeabas de momentos felices pasados,
de fotos de personas que ya fueron,
de sonrisas congeladas
que celebran nadie sabe qué olvidados eventos.

Repasabas otra vez en esas fotos
el amargo sabor que deja en la boca
la visión de los muertos

y las rompías luego sin compasión,
sin dudas, una tras otra, con rabia,
dejando bien claras las cosas a la vida,
escupiendo a la cara del recuerdo.

Yo te vi.
Con mis ojos casi infantiles te vi,
inocente, incomprendiendo.

TE MERECES LA TRISTEZA

Te mereces la tristeza,
te mereces el dolor
del hueco que dejas en mi alma.
No mereces la nueva alegría
ni la espuma alegre del olvido.
No mereces que la vida
cotidiana, intensa,
pisotee tu recuerdo
con el regalo de sus amaneceres.

Guardaré tu ausencia muy adentro,
seca y limpia, a salvo de nuevas vidas y alegrías.
No habrá dios que derrame bondad
sobre la cicatriz de mi alma.
No habrá día que al pasar suavice
el vibrar de las campanas que te tañeron.

Pues fue tanto lo entregado,
fue tanto lo vivido,
que la presencia de tu cara,
la discreción de tu gesto,
la palabra amable y precisa
no pueden ser alimento del olvido.

Te mereces la tristeza,
te mereces el dolor,

el eterno dolor de la ausencia,
mantenido, cuidado, alimentado,
vivo por debajo de la vida.

IMAGINA QUE ES NOVIEMBRE

Imagina que es noviembre,
ese mes que todo lo mata
y que ya tienes la leña
almacenada en el jardín
y las brasas entibiando
la penumbra de tu casa,
que ya estás preparado
para las largas noches
y las tardes leves,
que tu casa está ya blindada.

Imagina que es noviembre
y que de repente,
al abrir la ventana
el sol te ciega,
el aire te besa,
y en tu alféizar
florecen todas las plantas.

CANTOS DE LA NUEVA VIDA

BAILANDO

Camina por el borde del volcán
esquivando escupitajos de lava
bailando la danza de la nueva vida
ante la mirada de la vieja desdentada.

Sentado sobre el alud que se desploma
nadando entre piedras palos y ramas,
riendo, riendo, siempre riendo,
porque todo eso ahora es nada.

Ahora tiene un anclaje,
un flotador, una risa
que es solo su mirada.
Armado con ella,
y solo con eso,
puede con todo,
saluda a la vieja nada,
la destruye, la derrumba
y sonriendo la atrasa.

ES

Es esa inocencia en la mirada
y esa medio sonrisa
con la que interrogas al mundo.

Es esa sensación de hacer el tonto
y de estar orgulloso de ello
tratando de extraer tu risa.

Es ese orgullo de tu mano en mi mano
anunciando al mundo nuestro vínculo,
sintiéndome poderoso y sabio.

Es esa impotencia de no entender,
ese miedo de equivocarme,
de torcer en algún momento
esa pequeña fragilidad
que has traído otra vez
a mi gastada vida.

Es juntar nuevos objetivos,
esperanzas frágiles y fuertes miedos,
navegando en la pequeña y suave tormenta alegre
con que tratas de entender y de abarcar
el mundo entero en la luz de tus ojos.

Es amanecer en el crepúsculo.
Es reiniciar al borde del final.
Es, tan solo, ser abuelo.

Nietos

Ya enfrentada la decadencia gris,
la rigidez inevitable, implacable,
de tantos amaneceres fríos,
ya aceptada la aspereza del plano inclinado
en que nos deslizamos sin remedio,
desgastando nuestros apoyos y afectos,
y ya asumida la pérdida de brillo
de la luz que nos rodea
con cada muerte cercana entrevista,

de repente el árbol es sacudido, removido,
por esas nuevas boquitas que se abren confiadas
al trocito de comida que tus manos arrugadas entregan,
por esos ojitos inocentes que brillan y sonríen
iluminando sin respeto, entre pedorretas,
este ocaso ya enfrentado, ya aceptado y asumido,

y lo desaceptan, desasumen y reenfrentan
al nuevo, inesperado e intrigante enigma
de querer ser, todavía, otra vez,
testigo.

MEJILLAS

Nunca fallaron esas manos y esos labios
en sujetar el mundo, sólido y firme,
contra la suave calidez de esas mejillas.

En aquellas noches infantiles y terribles,
pobladas de fiebre o pesadillas
ante las que éramos indefensos,
un solo grito, un llanto, y allí estaban,
amorosos, confortantes, reparadores
y con solo un roce, un tirón de sábana,
un mullir de almohada y un beso
devolvían al mundo su claridad
ahuyentando monstruos, oscuridad y miedo.

Sujetaron el mundo sólido y firme
y lo llenaron de amor y dulces sueños,
y luego se apartaron, amorosos,
rechazados por nuestro paso en el tiempo
o se perdieron, quizás, arrebatados por la muerte,
discretos y en silencio,
dejando detrás un mundo sólido
y a nosotros firmes, ya no indefensos.

No podemos regresar
a retribuir esos roces ni esos besos,

ni podemos subrayar suficiente
el infinito que a esas manos y labios debemos.

Pero sí podemos nosotros ahora
ser guardianes de otros infantiles sueños
y hacer que nuestras manos y labios
ahuyenten otros infantiles miedos
y que nuestra firmeza cuadre sábanas,
mulla almohadas y afiance besos
transmitiendo, y mereciendo así,
aquel amor que dejaron en nuestras mejillas
para siempre, nuestros mayores.
Estén vivos o muertos.

ROMANCE DE JULIA Y LA LUNA

Entre lo que te pude dar, te pude dar la Luna.
La Luna esa que está en el cielo.
Tan solo tuve que tomarte en brazos
aquella noche a finales de tu año primero,
y en medio de nuestro jardín
alzar hacia ella, apuntando, el dedo.

¡Mira! ¡La Luna!

Y tus ojos, limpios y brillantes,
saltaron de los míos al cielo,
a esa luz blanca que pintaba
un mágico mundo en blanco y negro.

Y tus ojos volvieron a los míos,
llenos de comprensión, luz y silencio
y silenciosa, alzaste otra vez la cara
a la vieja embaucadora de la cara de queso
y bañaste tu mirada en su vaga promesa
de alumbrar más que lo que ahora veo.

Quedará contigo la Luna,
y será testigo del paso del tiempo.
Acariciarás su luz en noches de plata,
limpiando con plata infantiles miedos
y aún más tarde, entre sus sombras,

cuando sus fases y ciclos llenen
de locos ritmos tu cuerpo,
en algún otro jardín, bajo su luz,
su íntimo amparo y cómplice silencio,
jugarás, ya no mi niña, ya mujer,
a cruzar furtivos besos.

Yo ya no seré más que memoria y ceniza,
y no estará más por aquí, para apuntar, mi dedo
y ni la Luna ni tú podréis recordar
que en ese jardín, en esa noche y en ese momento,
esa blancura limpia
la trajo a tus ojos y a tu vida
tu abuelo.

TRASPASO DE PODERES

Hay un punto de ternura
en la eficiente prisa
con la que tus hijos traen a sus hijos
para que los cuides.

Una cierta renuencia a soltar su manita
para que se acople en la tuya,
un punto de recelo
ante la lentitud de tus respuestas
mientras te recitan las tareas
y te marcan los horarios.

Y algo de razón llevan,
tan responsables, ahora, ellos,
porque todos sus cargos y todas sus listas
se difuminan un tanto
ante esa naricita colorada sobre esa bufanda
y esos ojitos serenos bajo ese gorro de lana
que se cruzan con los tuyos y te dicen:
«Déjalos, que hablen y se vayan,
que tú y yo nos entendemos».

CANGURO

Ya no hay más juego que tus juegos.
Abandono todas mis urgencias
y me rindo a cantar otra vez,
sin prisas,
los casi olvidados cantos viejos
que aún resuenan en mi mente
con la voz remota de los muertos.

Y te hago reír en tu diminuto trono
compartido con tu muñeca vestida de azul
y avioneteo la cuchara hacia tu boca
como el cuatrimotor del doctor de Gulugú
que cura las brujerías de aquel brujito.

Y rezo que en mí no se cure
el encantamiento de tu cercanía,
mientras mis ojos cansados y atentos
buscan en los tuyos respuesta
a la pregunta eterna
de qué o quién mañana serás tú.

Mientras dormías

Y mientras tú dormías
bajo tu cielo de infantiles estrellas,
la muerte pasó a tu lado,
rozando tu cuna,
e intentó besar los apoyos de tu vida.

Sonreímos luego
burlando a la vieja desdentada,
la que no necesita dientes
porque su beso siempre se lleva todo.

Mientras tú dormías,
jugábamos con la muerte
aquella noche en la que todavía estábamos todos.

NO ME NOTES

No me notes, no me sostengas,
no seas consciente del peso de mi amor,
que los amores fuertes lastran, pesan,
hay que arrastrarlos y sujetan.

Quiero amarte un poquito de lejos,
en segunda fila, sin que me notes,
quiero estar ahí, sólo ser testigo.

No quiero ser yo quien tu camino marca
ni ser aquel que en tu futuro pese.

Me basta con volver a tener
a quien escribir poemas de amor
y que vuelva a no importarme
mancharme de saliva.

Será mi amor suave, liviano,
solo testigo, solo compañero,
solo abuelo.

MOMENTOS

Desde la sombra fresca en el viejo jardín
la ves correr, con sus casi dos años,
desnuda por el jardín
perseguida por el «que te pillo» de su madre.
Oyes su risa de bebé,
miras los pasos trastabillados,
ves el amor flotando en el aire nuevo
de este viejo patio remozado
y recuerdas:

Tú también corriste tras bebés
y llevaste clavados en el alma
esos momentos
de primeras risas de pureza.

Viviste por y para ellas
pero pasan los momentos fugaces y veloces
mientras miras a otro lado
y tarde o temprano
te encuentras preguntando:

¿En qué momento pasó tu voz
de ser palabra de ley a norma a incumplir?
¿En qué momento pasaste
de modelo a seguir
a enemigo a batir?

¿En qué momento tu intento
de procurar y cuidar
pasó a molesto ruido de fondo?
¿En qué momento quedaste atrás
barriendo recuerdos de habitaciones vacías?

Mas la vida ha dado otra vuelta
y los que se apartaron,
llevados por el aire loco y joven,
retornan ahora cargados de más futuros,
de más momentos y más risas.

Y te acomodas en tu sombra, disfrutando,
y deseando, inútilmente,
que no haya más vueltas,
que no haya más momentos entre interrogantes,
que todo siga así, como está,
risas y amor flotando en el aire,
hasta que sean otros los que barran tu habitación vacía.

ESE POEMA

No es que tenga ganas de escribir,
que no todos los días se tienen,
pero el tiempo pasa, vosotros crecéis
y hay un millón de sonrisas
que se están perdiendo en el olvido.

No es que quiera dejar constancia
ni de lo que siento ni de lo que sois,
pero es que todo corre
y ya no sois lo que erais
cuando prometí escribir ese poema
que aún no he escrito.

Y no es que este sea aún ese poema,
que en un solo poema no cabe
la efímera y siempre evanescente sonrisa
que levantáis en mi cara cansada y vieja.

MIEDOS

No eres tú, que es ese viento
que te lleva en volandas
y desata la vieja rabia olvidada
de tanta promesa rota.

No soy yo, dios me libre, es la edad
que no pierde el miedo a perder
cuando casi todo está perdido.

No eres tú, pobre criatura,
que tan solo me miras
y revives, solo con eso,
mi viejo miedo a no poder ser,
disfrazado de que tú no puedas ser,
de que no llegue a buen puerto
ese barquito que ahora eres
en este océano medio podrido.

Es solo que a cada paso nuevo que das
añoro y amo el recuerdo
de quién eras y qué dejas de ser.

Es solo que a cada paso nuevo que das
temo a quién serás, a lo que harás
y a quién dejarás atrás.

LUNARES

Trepa a mis rodillas silenciosa,
mirándome a la cara.
La cabecita contra mi cuello.
El aliento de su boca
en mi mejilla sin afeitar
y, sin decir nada,
su dedo chiquito acaricia esos pelitos
y toca luego, uno a uno,
las pecas y lunares de mi piel cansada.

De repente se endereza,
salta de mis rodillas,
coge un dulce de la mesa
y, sin decir nada, se marcha.

Nunca sabrá ese dedito
que me ha tocado el alma.

LA OLA

¿Acaso la ola siente nostalgia
de la profundidad, del silencio,
cuando brilla y desata su espuma en el aire?
¿Acaso teme la vuelta a la oscura quietud,
al inevitable olvido?

Es su alegría de espuma puro contraste,
un grito brillante de valiente desafío
al silencio de tantos siglos
de oscuridad tranquila y profunda.

Salta en el aire gozosa, mi niña,
que siglos oscuros esperaban, incompletos, tu llegada.
Salta, brilla, grita y resplandece,
que siglos oscuros aguardan, celosos, tu memoria.

Equilibrio

De mí para ti los dedos revientan el teclado,
de ti para mí coleta torcida y lazo destrozado.

De mí para ti el miedo, el amor y el cuidado,
de ti para mí confianza en la fuerza de mis brazos.

De mí para ti seriedad de adulto cansado,
de ti para mí risa en mis rodillas y lengua de trapo.

De qué extraña manera tú y yo nos equilibramos.

ROMANCE DE LA FEALDAD

Abuelo, eres feo.
Tienes lunares, arrugas y manchas.
Abuelo, estás gordo
y cuando jugamos no te agachas.

Es así, tienes razón,
y es la vida, mi niña blanca,
que deja su huella en mí
mientras recorro su distancia.
Marca mis sonrisas aquí,
arrugaditas entre mi barba,
de las que tú tienes la culpa
haciéndome reír más que nada,
y luego un poco más arriba
estos surcos la vida me traza
para que deslicen mis lágrimas
que no son limpias como las tuyas,
sino de llenas de culpas pasadas
y en la frente ¿ves las rayas
que de pensar y esperar surgieron,
y de temer siempre a la nada?

No es fealdad, niña de cielo,
es solo vida quemada.
Son las cosas que he vivido,
las que temí y las que amaba,

y son ahora, en estos años,
las sonrisas que me arrancas.

LUZ DE LUNA

Tras el sol que te guía,
te ilumina y te hace crecer,
está mi redonda cara,
que te cuenta cuentos,
que te abre misterios,
que te acompaña y vigila el sueño.

Tras esos días cegadores de luz
asomo en silencio
con la esperanza de verme
espejada en tus ojos,
mientras blanqueo tu rostro
en el mágico jardín de plata.

O quizá pueda deslizarme en tu ventana,
arrastrarme por tu cama,
hallar tus ojos cerrados
y bailar con tus sueños sobre tus párpados.

Mas si tu ventana está cerrada
y no brillan tus ojos en el jardín
no importa, esperaré paciente
a que el sol ceda su dominio de mañana,
a que el misterio vuelva al jardín teñido por mi luz blanca
y a que den sentido esos ojos
a mi paciente y amorosa vigilancia.

TRUENOS

Las altas barbillas mastican cristales
y escupen astillas en todas direcciones.
Detrás de las voces amargas
que explotan en nuestro jardín,
los atronadores silencios chirrían
como uñas que arañan pizarras.

No temas mi niña, solo son truenos.
Son los gigantes del cielo
que cambian de sitio los muebles
muy por encima de estas nubes
que cubren y protegen tu infancia.

Yo deserto de esa guerra,
abandono el puesto que allí me dieron,
tiro mi fusil y mi uniforme,
pierdo gustoso todas las batallas
y me deslizo por la mata de judías
hasta llegar a tu lado.
Allí baño mis heridas en tu inocencia,
lavo mis oídos con tu risa,
y te cuento un cuento.

Te contaré hoy el cuento del cuento que nadie contaba,
ese cuento que era cuento y sueño,
y buscó a una niña para hacerse realidad.

O quizá te cuente un cuento inventado
de Viruento, Picopico, Tuento y Pomporerá,
lleno de escobas mágicas que sobrevuelan el mundo
y dejan a los adultos ignorantes atrás.

Y tú serás mi Wendy y yo Pan, el siempreniño,
y volaremos en la penumbra
bañados en el polvo mágico de mi susurro
hasta olvidar que me sigue ese hombre crecido,
mutilado y perseguido por la muerte
enamorada del sabor de su mano
y con ese maldito tictac en su interior.

¡AY, LUNA!

¡Ay, Luna! Cuídamela,
que ya no duerme conmigo,
que ya solo duerme de noche,
que dice que ha crecido,
que ya es mayor,
que ya tiene cuatro añitos
y en las tardes de verano
no más cuentos de princesas
ni más risas ni peleas,
ni más hilos de oro suave
esparcidos por mi almohada
y brillando en la penumbra
de mi habitación cerrada.

Que en las tardes de verano
el sol la llama,
el agua la abraza
y el aire la besa
con un beso de amor
más fuerte que los que yo daba.

¡Ay, Luna! Ahora es tuya.
Besa tú su cara cuando duerma.
Besa tú esos ojitos cerrados
de princesa dormidita.
Da tú ese beso de amor,

ese que no despierta,
ese que arropa y calma.

Vigila, Luna, sus miedos
y si despierta asustada,
«Duerme, todo va bien»
dile con tu luz blanca
y palmea tú luego su espalda
con tu larga mano de plata,
porque yo ya no puedo hacerlo
con mi pobre mano arrugada.

CREDO

No sabemos nada, mi niña,
no nos es dado saber en realidad
y aunque me veas serio, grande y canoso,
solo una cosa sé:
Cuando no hay manera de saber,
uno tiene que elegir creer.

Y así, elijo creer

que todo irá bien,
que la perla de inocencia que ahora te desborda
seguirá pura a pesar de los gritos del mundo;

que el río de amor
que sobre ti ahora derramamos
tallará bien hondo tus cimientos;

que tus llantos serán siempre superficiales,
que sabrás cabalgar sobre las penas,
que siempre hallarás horizontes,
más allá de los muros y barreras;

que la distancia y el tiempo
solo serán azúcar que adorna el recuerdo
de los secretos que compartimos,

los cuentos que contamos
y las risas con las que jugamos.

Y elijo creer, mi niña, que a tu lado,
cuando la vieja muerte venga
a plantarme su beso sucio en los labios,
ese azúcar le sabrá amargo
y ese beso le será poco
porque nos pillará cantando:
«¡Ay, muerte, llegas tarde!
Ya hemos vivido, jugado, cantado
y disfrutado de este baile loco».

COMO UN HAIKU

Como un haiku,
el momento en que te entiendo
breve se pasa.

Como un destello
de claridad evanescente
ahogado en el misterio.

No te conozco, mi niña,
no te comprendo.
Sorprendes a mi alma vieja y gastada
con cada giro de tus ojos,
con cada descubrimiento.

Y no te alcanzo
¿Es que acaso puedo?
Mi voz débil y ronca compite
con el aullido bronco y tremendo
de todo este universo.

Aquí, a mi lado, los dragones mueren,
los príncipes se ausentan
y duermen las princesas
soñando, acaso, con tu risa de plata
mientras los salones de baile de los viejos reyes
son barridos por la nieve y el olvido.

Y no te alcanzo
¿Es que alguien puede?
Vuelas trascendida, corres, brillas, saltas,
mientras yo me recuesto agotado
en un rincón pequeño de mi viejo universo
lleno ahora de polvo de infancia.

FINAL

Será una tarde en la penumbra
con el olor rancio de los viejos.
Será suave, sin sobresaltos.
Será lento.

A mi alrededor, todos,
los que siempre estuvieron,
los que mi pequeña espuma
de gozo y dolor compartieron.

A mi lado, tú.
Firme y fuerte, frágil y dispuesta,
como siempre has sido,
temiendo ahora la futura senda.
No temas, amor,
que no estarás sola en ella
y yo te esperaré.

Te esperaré se pueda o no se pueda.
Agazapado en la penumbra del olvido te esperaré.
Si hay un cielo, en él y si no, afuera,
porque aún tienes que contarme
cómo ha sido sin mí
lo que de camino queda
y porque siempre supimos
que al final tú y yo, compañera.

Y a mi otro lado, tú. ¡Ay, mi niña!
Rotas ya las amarras de tu infancia,
plena, dorada, brillante y bella.
Sabe, mi niña,
que aquí sólo os dejaré una pena:
no ver tus ojos una vez más en el jardín
a la luz de la luna llena.

TRAS EL FINAL

Tras el final, que no es final,
si abres bien los ojos, me verás.
Porque nada se va, nada se pierde
y todo se une otra vez al total.

Seré viento en tus mejillas
y susurro de árbol en tu oído.
Seré agua en tus manos,
besando tus dedos en la mañana.
Seré gas suave,
jugando leve en tu nariz,
y metal pesado
anclado, ya ves, en tu pelo.

Mi voz, ahora olvidada,
unida al mundo retornará
y con el tono potente de lo que ahora es
y el timbre suave de lo escondido
cantará tu nombre
en el rumor de la sangre en tus oídos.
No estando, estaré.

Unidos ahora el ser y el haber sido,
unidos siempre en el mismo ser,
abre los ojos y escucha,
escucha bien, mi niña,

que en los rincones del mundo
no estando, estaré.

Nota del autor

Los hijos los traes al mundo, pero los nietos te los traen a casa. No es algo que hayas pedido pero es algo que no puedes rechazar.

Me encontraba en los últimos años de mi vida laboral en una vorágine de teletrabajo cuando, presionados sus padres por los horarios implacables, me trajeron a Julia de diez meses para que yo la cuidase durante el día. Durante varios meses convivimos solos, hasta doce horas al día, esa niña, de ojos serios y penetrantes y sonrisa pronta, y yo.

No podía entonces imaginar lo que se iba a remover en mi interior con ello. Rotas las barreras de la preocupación por hacerlo todo bien, que todo lo tiñe cuando eres padre, solo te queda la ternura y el amor en forma pura, descuidada y espontánea.

Este libro cuenta el viaje que la convivencia con Julia supuso de un vivir inmerso en un sentimiento de agobio, de prisa y de final inminente, a una vida nueva de retorno a los orígenes, a los juegos y al descubrimiento del mundo con ojos limpios. Amanecer otra vez en el noviembre de la vida.